2026년 사순 묵상 수첩

칭찬, 사랑의 한마디

이름·세례명 ....

본당 ....

♡ 복음을 쓰고 '사순 시기 걷기'와 '칭찬' 실천을 한 후
뒤쪽 실천표에 동그라미로 표시해 주세요.

"매일 복음을 쓰고, 영적 나눔을 함께해요."
카카오 그룹채팅!

사순 시기 동안 예수님의 수난을 묵상하면서

사순 묵상 수첩에 매일 복음을 쓴 후

인증하고, 나눔을 위한

카카오 오픈채팅방을 개설했습니다.

참여를 원하시는 분들은 함께하시기 바랍니다.

 · 오픈채팅방 이름 **#2026년 사순묵상수첩 1일 인증**
카카오 그룹채팅 참여코드 **2026**
https://open.kakao.com

사순절을 맞으며

사순 시기는 자기를 돌아보는 때입니다.
매일 바쁜 삶의 연속이지만 이 시기만이라도
자신의 삶을 돌아보며 성찰과 반성을 할 수 있는
약간의 틈을 만드시면 어떨까요?

'칭찬, 생명을 살리는 사랑의 언어!'
칭찬은 하느님 사랑을 이웃 사랑으로 표현하는 방법입니다.
기도는 하느님과의 내적 대화입니다.
칭찬이 이웃과의 관계라면 기도는 하느님과의 관계입니다.
두 자리에 하느님과 이웃이 존재합니다.

사순 시기에 여러분 모두를 '칭찬 한마디'에 초대하며,
칭찬을 통해 사랑을 구체적으로 실천하는
부활의 증인이 되시기를 기도드립니다.

2026년 2월 18일
한국가톨릭문화연구원 원장

김민수 이냐시오 신부

2월 18일 **재의 수요일 – (금육과 단식)**

숨은 일도 보시는 네 아버지께서
너에게 갚아 주실 것이다. (마태 6,4)

묵상

머리에 재를 얹는 예식과 단식으로 시작하는 사순 시기 첫날, 예수님께서는 자선을 베풀고 기도하라고 하신다. "사람은 흙에서 왔으니 흙으로 돌아가라"(창세 3,19)는 말씀처럼 우리는 어디에서 왔다가 어디로 가는지 생각해 본다. 재는 새로운 삶으로 거듭나기 위한 죽음을 뜻하며, 단식은 악습을 끊고 새로운 변화를 위한 회심을 의미한다.

예수님께서는 이 시기에 자선을 실천하며, 기도로 나와 하느님과의 관계를 깊게 하고, 나 자신 그리고 이웃과의 관계를 새롭게 세우라고 하신다. 남에게 보이기 위한 위선자로 살기보다 숨어 계신 하느님께 보여 드리는 진실한 마음으로 살아가라고 초대하신다.

관계 회복은 가장 가까운 가족과 공동체와의 소통에서 시작된다. 그 첫걸음은 작은 '칭찬' 한마디일 수 있다.

"주님, 사순 시기에 복음을 쓰고 묵상하며, 매일 칭찬 한마디를 실천하는 용기를 주시어 부활의 영광을 준비하게 해 주십시오."

실천

사순 시기에 매일 복음 쓰기를 약속하며,
묵주기도 '환희의 신비'를 바칩니다.

오늘의 복음(마태 6,1-6.16-17)을 쓰겠습니다.

나 때문에 자기 목숨을 잃는 그 사람은
목숨을 구할 것이다. (루카 9,24)

묵상

우리의 삶은 크고 작은 선택의 연속이다. 선택은 우리의 신념과
가치관을 드러내며, 그 결정에는 언제나 책임이 따른다. 운전할
때 때로는 옛길로 돌아서 가 보고 싶지만, 내비게이션이 안내하
는 빠른 길을 습관처럼 따르곤 한다. 마치 내 삶의 방향을 기계에
맡기는 것처럼 말이다.

인생도 이와 비슷하다. 우리는 갈림길 앞에서 머뭇거리며 어떤 길
을 선택할지 고민한다. 하느님께서는 우리에게 자유의지를 주셨
지만, 우리는 새로운 길보다는 익숙하고 편안한 길을 선택하곤
한다. 신앙도 마찬가지다. 미사 참례할지, 놀러 갈지, 봉사해야 할
지, 매 순간 스스로에게 묻고 선택하게 된다.

십자가를 지고 가시는 예수님께서 나를 부르신다. "네, 제가 그 십
자가를 지겠습니다."라며 응답할지, 아니면 외면하며 돌아설지
선택해야 한다.

"누구를 섬길 것인지 오늘 선택하여라."(여호 24,15) 하느님의 말씀
이다.

실천

부활을 준비하는 사순 시기에 '나' 자신의 변화를 청하며,
묵주기도 '빛의 신비'를 바칩니다.

오늘의 복음(루카 9,22-25)을 쓰겠습니다.

"매일 복음을 쓰고 영적 나눔을 함께해요."
오픈채팅방 이름 #2026년 사순묵상수첩 1일 인증
카카오 그룹채팅 참여코드 2026

2월 20일 재의 예식 다음 금요일

신랑을 빼앗길 때에 그들도 단식할 것이다.

(마태 9,15)

묵상

혼인 잔치에서 신랑이 사라진다는 것은 예수님에 대한 사랑이 희미해지고 그분과의 관계가 단절된다는 것을 의미한다. 사순 시기에 금주, 금연, 스마트폰 사용 절제 등 악습을 끊겠다고 결심하지만, 단지 '무엇을 끊을까'에 머무르지 않고 '무엇을 해야 할까'에 초점을 맞춰야 할 것이다. 하느님께서 말씀하신다. "내가 좋아하는 단식은 이런 것이 아니겠느냐? 불의한 결박을 풀어 주고 멍에줄을 끌러 주는 것, 억압받는 이들을 자유롭게 내보내고 모든 멍에를 부수어 버리는 것이다. 네 양식을 굶주린 이와 함께 나누고 가련하게 떠도는 이들을 네 집에 맞아들이는 것이다."(이사 58,6-7) 예수님께서 기뻐하시는 단식은 단순한 절제가 아니라 그분의 수난에 동참하며 인내로 자신을 극복하고, 이웃과 나눔을 통해 마음을 여는 삶이다. 사순 시기는 결국 잃어버린 신랑을 다시 모시는 시간, 곧 사라져 가는 사랑을 회복하여 부활의 빛으로 나아가는 여정이다.

실천

사순 시기를 맞아 스마트폰을 잠시 내려놓고 예수님과 함께 걷기로 다짐하며 묵주기도 '고통의 신비'를 바칩니다.

오늘의 복음(마태 9,14-15)을 쓰겠습니다.

2월 21일 재의 예식 다음 토요일

나는 의인이 아니라 죄인을 불러
회개시키러 왔다. (루카 5,32)

묵상

말은 사람을 살리는 은총 중 하나이다. 특히 칭찬은 사고와 행동
을 긍정적으로 변화시켜 상대방의 자존감을 높여 준다. 그러면
칭찬을 어떻게 해야 할까? 칭찬에도 기술이 필요하다.

첫째, 구체적으로 칭찬하기이다. 그냥 "예뻐요!"보다 "웃는 모습
이 너무 예뻐요!"라고 말하는 것이다.

둘째, 결과만 인정하기보다 과정과 노력을 칭찬하는 것이다. "노
력하는 모습이 대견하구나."라고 말하는 것이다.

셋째, 즉시 칭찬하기이다. 마음이 움직인 순간에 바로 표현하면
진심이 전달되어 교감이 형성된다.

넷째, 다른 사람을 통해서 상대를 칭찬하는 것이다. 안나 칭찬을
데레사에게 하는 것이다.

예수님께서는 죄인의 작은 회개도 귀하게 여기시며 칭찬하셨다.
당연한 일을 관찰하고 사소한 행동에 대해 칭찬하는 것이 칭찬의
기술이다.

실천

매일 한 가지 이상 '칭찬'하고 '감사'할 것을 약속하며,
묵주기도 '영광의 신비'를 바칩니다.

오늘의 복음(루카 5,27ㄴ-32)을 쓰겠습니다.

2월 22일 **사순 제1주일**

예수님께서는 성령의 인도로 광야에 나가시어,
악마에게 유혹을 받으셨다. (마태 4,1)

묵상

예수님께서는 성령의 이끄심을 따라 광야로 나아가 40일 동안
머무시며 빵과 권력, 명예에 관한 세 가지 시험을 받으셨다. 세례
자 요한 역시 그 광야에서 "회개하여라. 하늘나라가 가까이 왔
다."(마태 3,2)고 외쳤다. 구약에서 광야는 이스라엘 백성이 약속의
땅에 이르기까지 40년 동안 머무르며 믿음을 시험받던 자리였다.
걸어서 한 달이면 도착할 길을 왜 그렇게 오래 헤매었을까? 그것
은 하느님을 온전히 신뢰하는 법을 배우기 위한 긴 여정이었기
때문이다.

우리의 삶도 광야와 같다. 벗어나고 싶어 몸부림쳐도, 어느새 다
시 제자리로 돌아와 유혹 앞에 서 있는 자신을 발견하곤 한다. 무
엇이 나를 방황하게 만드는지, 무엇을 내려놓아야 하는지 성찰할
때 비로소 길이 보인다. 사순 시기가 우리 안의 광야를 마주하고,
회개와 고해성사를 통해 새 마음으로 주님께 나아가는 시간이 되
었으면 좋겠다.

💛 당신이 자랑스럽습니다.

실천

스마트폰을 잠시 내려놓고 기도하며,
예수님과 함께 사순 시기 걷기를 실천합니다.

오늘의 복음(마태 4,1-11)을 쓰겠습니다.

2월 23일 사순 제1주간 월요일

너희가 내 형제들인 이 가장 작은 이들 가운데
한 사람에게 해 준 것이 바로 나에게 해 준 것이다. (마태 25,40)

묵상

이태석 신부님의 묘비에는 "너희가 이 가장 작은 이들 가운데 한 사람에게 해 준 것이 바로 나에게 해 준 것이다"라고 새겨져 있다. 그 앞에서 남수단의 제자들이 눈물을 흘리고, 우리 역시 눈시울이 붉어진다. 영화 <부활>의 마지막 장면이다. 고(故) 이태석 신부님은 가난과 전쟁으로 희망이 없던 남수단 톤즈에서 사제이며 의사, 교육자, 음악가, 건축가였다. 우리를 울렸던 전작 『울지마 톤즈』는 이 신부님의 하느님 사랑 실천을 잘 보여 주었다. 병 치료는 물론 음악으로 상처받은 아이들의 마음을 어루만져 주시고, 발가락이 문드러진 나병 환자들에게 신발을 만들어 신겨 주셨다. 48세로 선종하신 지 15년 지난 지금, 그의 제자들은 공무원, 언론인이 되었고 57명이 의대에 진학했다. 남수단 교과서에는 신부님의 이야기가 실렸다. 한센인 마을에서 진료한 제자들은 "신부님이 저희 곁에 온 것 같습니다. 신부님 일을 우리가 해서 너무 기쁩니다."라고 말했다. 최후의 심판 기준을 작은 이들, 가난한 이들에게 둔 예수님의 사랑이 부활한 것이다.

♥ 봉사하는 모습이 감동적이에요.

실천

스마트폰을 잠시 내려놓고 기도하며,
예수님과 함께 사순 시기 걷기를 실천합니다.

오늘의 복음(마태 25,31-40)을 쓰겠습니다.

너희는 이렇게 기도하여라.

(마태 6,9)

묵상

기도는 하느님과의 대화라고 한다. 그러나 온전한 마음으로 분심 없이 기도하기는 쉽지 않다. 묵주기도 중 꾸벅꾸벅 졸기도 한다. 어느 신부님께서는 기도가 어려우면 "하느님, 통"이라고만 해도 기도가 된다고 했다. 요즈음에는 감사의 기도가 절로 나올 때가 많다. 오늘 하루 살아 있음이 감사하고, 걸어서 다닐 수 있어서 감사하다. 얼마 전에는 자동차가 뒤로 미끄러졌는데 아무도 다치지 않아서 감사했다. 순간순간 "하느님 감사합니다."라는 기도가 절로 나온다.

기도를 하지 않는 것은 하느님을 잊고 사는 것이라고 한다. 하느님과 친해지려면 기도해야 한다. 나의 바람을 이야기하고, 고통을 호소하면서 하느님께 말을 걸어 보는 것이다.

인간의 힘으로는 어찌할 수 없는 일이 닥쳤을 때, 우리는 종종 다른 사람에게 "기도 중에 기억해 주세요."라고 말한다. 그럴 때 "기도해 줄게요."라는 말이 얼마나 큰 위안이 되는지 새삼 깨닫는다.

💛 기도하는 마음이 참 깊어 보이네요.

실천

스마트폰을 잠시 내려놓고 기도하며,
예수님과 함께 사순 시기 걷기를 실천합니다.

오늘의 복음(마태 6,7-15)을 쓰겠습니다.

2월 25일 사순 제1주간 수요일

이 세대는 요나 예언자의 표징밖에는
어떠한 표징도 받지 못할 것이다. (루카 11,29)

묵상

하느님께서는 요나에게 니네베에 가서 회개를 선포하라 명하셨지만, 요나는 내키지 않아 이를 피해 달아났다. 니네베가 과거 이스라엘을 침략했던 원수였기에, 요나는 그들이 멸망하기를 바랐을 것이다. 그러나 마지못해 성의 없이 전한 그의 선포는 뜻밖에도 니네베에서 임금을 비롯한 모든 백성이 하느님께 용서를 빌고 하느님의 말씀과 가르침을 따르게 했다. "하느님께서는 그들이 악한 길에서 돌아서는 모습을 보셨다."(요나 3,19) 그래서 니네베 사람들은 심판을 모면했다.

그러나 요나보다 더 위대하신 분, 하느님의 아들이신 예수님께서 오셨음에도 사람들은 그분을 믿지 않았고, 회개하기는커녕 그분을 십자가에 못 박았다. 예수님께서는 당신의 죽음과 부활이라는 큰 표징을 보고 나서야 사람들이 마음을 돌이킬 것을 안타깝게 바라보셨다.

예수님께서 원하시는 회개는 어떤 것일까? 소소한 일상에서 내 안에 계신 하느님께 돌아가는 것이 회심일 것이다.

💛 도와주셔서 고맙습니다.

실천

스마트폰을 잠시 내려놓고 기도하며,
예수님과 함께 사순 시기 걷기를 실천합니다.

오늘의 복음(루카 11,29-32)을 쓰겠습니다.

남이 너희에게 해 주기를 바라는 그대로
너희도 남에게 해 주어라. (마태 7,12)

묵상

"남이 너희에게 해 주기를 바라는 그대로 너희도 남에게 해 주어라." 예수님께서 주신 이 황금률은 우리가 먼저 상대의 마음을 헤아리고 사랑을 실천하라는 말씀이다. 누구나 사랑받고 싶은 마음을 지니고 있다. 그렇기에 내가 먼저 사랑을 주고 칭찬 한마디를 건넬 때 친밀한 관계가 될 수 있다. 하지만 우리는 칭찬에는 인색하고 비난에는 익숙해져 있다. 칭찬은 단순한 말이 아니라, 내가 마음을 먼저 열고 말로 표현하며 실천하고자 하는 용기가 필요한 사랑의 행동이다.

종은 누가 울려 주기 전까지는 그저 조용한 쇠붙이에 불과하다. 누군가 먼저 울려 줘야 종소리가 울려 퍼질 것이다. 그리고 이 실천이 내 삶의 습관으로 자리 잡기까지는 꾸준한 노력이 필요하다. "주님, '칭찬합시다'라는 캠페인에 동참하고자 하오니, 포기하지 않도록 용기를 주시고, 내 말이 누군가의 마음을 따뜻하게 하는 은총의 도구가 되도록 도와주소서."

💛 말씨가 다정하십니다.

실천

스마트폰을 잠시 내려놓고 기도하며,
예수님과 함께 사순 시기 걷기를 실천합니다.

오늘의 복음(마태 7,7-12)을 쓰겠습니다.

2월 27일 사순 제1주간 금요일

물러가 먼저 그 형제와 화해하여라.

(마태 5,24)

묵상

오늘날 신앙인들에게 스마트폰과 SNS는 신앙 실천에 매우 큰 영향을 끼치고 있어서 이제는 선택이 아닌 필수적인 교회 문화로 자리 잡았다. 슬기로운 신앙생활을 위해 없어서는 안 될 삶의 방식으로 굳건하게 뿌리를 내린 것이다.

교회는 미디어를 단순한 도구로 간주하거나 그 부정적인 면만을 강조해서 사용 자체를 거부하는 구시대적이고 근시안적인 태도를 버려야 한다. 또한 디지털 만남이 현실적인 만남으로 이어지기 위해서는 오프라인과 온라인 만남 중 양자택일하는 사고방식을 극복하고, 온·오프라인이 혼합된 '온라이프'의 현실을 받아들여야 한다. 디지털 공간에서도 환대, 치유, 화해의 기회를 촉진해 신앙을 실천할 수 있기 때문이다.

실제로 디지털 환경에서는 다양한 돌봄 공동체가 활동하며 '디지털 이웃'의 역할을 하고 있다. 예를 들어, 질병이나 상실, 슬픔 속에 있는 이들을 지원하기 위해 모인 디지털 커뮤니티에서도 다양한 이웃을 만날 수 있다.

♥ 센스가 대단합니다.

실천

스마트폰을 잠시 내려놓고 기도하며,
예수님과 함께 사순 시기 걷기를 실천합니다.

오늘의 복음(마태 5,20ㄴ-26)을 쓰겠습니다.

2월 28일 사순 제1주간 토요일

하늘의 너희 아버지께서 완전하신 것처럼
너희도 완전한 사람이 되어야 한다. (마태 5,48)

묵상

언제부터인가 평생을 완벽해지려고 애쓰며 살아온 내 모습이 보이기 시작했다. 인정받기 위해서 경쟁사회는 우리에게 끊임없이 완벽주의자가 되라고 요구했고, 우리는 완벽하지 못하면 불안해지고, 스스로를 책망하며, 타인을 판단하게 된다. 또 그 잣대를 배우자, 자녀에게까지 들이대며 완벽함을 강요하게 된다. 내 틀을 만들어 놓고 그 안에 주변 사람들을 집어넣으려고 하다 보면 관계 맺기가 힘들어지고, 특히 부모 자녀 간에 갈등이 깊어져 소통마저 어려워진다. 부모의 완벽주의도 대물림된다.

자녀를 완전하게 양육하는 것은 불가능에 가까운 일이다. '온전하게' 키운다는 것은 완벽함과는 다르다. 육아의 최종 목표는 독립이며, 부모의 역할은 자식이 온전한 사람으로 성장하도록 돕는 일이다. 우리는 모두 불완전한 존재이다. 온전함이란 나의 부족함을 인정하고 부족한 부분은 하느님께 의탁하는 겸손에서 비롯된다.

💛 가족을 위해 애써 줘서 정말 고마워요.

실천

스마트폰을 잠시 내려놓고 기도하며,
예수님과 함께 사순 시기 걷기를 실천합니다.

오늘의 복음(마태 5,43-48)을 쓰겠습니다.

3월 1일 사순 제2주일

> 예수님의 얼굴은 해처럼 빛났다.
> (마태 17,2)

묵상

새로운 복음화를 실천하는 여러 방안 중 가장 쉬운 것이 '칭찬'이다. 칭찬은 하느님의 사랑을 이웃 사랑으로 구체화하는 좋은 방법이다. 상대방에게 먼저 인사하거나 세례명을 불러 주는 작은 행위도 사랑의 한 표현이다.

칭찬은 상대방의 존재를 인정하고 존중해 주는 행위이다. 칭찬받은 사람은 자신이 소중한 존재임을 느끼고, 자신도 다른 사람을 칭찬하게 된다. 예수님도 하느님 아버지의 칭찬을 받은 분이다. 요르단강에서 세례를 받은 예수님께 하느님 아버지는 "이는 내가 사랑하는 아들, 내 마음에 드는 아들이다"(마태 3,17)라고 칭찬하셨다. 부모가 자녀에게 이렇게 칭찬한다면 자녀는 사랑 안에서 성장할 것이다. 복음화된 삶과 사회를 위해 칭찬 문화를 적극적으로 실현해야 한다.

칭찬은 보이지 않는 하느님의 사랑을 이웃 안에서 드러내는 방법이다.(요한 4,21 참조) 바오로 사도는 남을 배려하고 행복하게 하는 칭찬이 성령을 기쁘게 하는 일이라고 말했다.(에페 4,29-32 참조)

♥ 웃음소리가 듣기 좋습니다.

칭찬 실천

_____ 에게 _____ 라고 칭찬했습니다.

오늘의 복음(마태 17,1-9)을 쓰겠습니다.

주어라.
그러면 너희도 받을 것이다. (루카 6.38)

묵상

요즘은 가정마다 대화가 단절됐다고 걱정하지만, 사실 대화의 시작은 거창하지 않다. 스마트폰에 많은 시간을 빼앗기지만, 사람의 마음은 여전히 아주 작은 신호 하나에도 반응한다. 그 신호의 첫걸음은 '아침 인사하기'이다.

얼룩말은 서로 얼굴을 핥으며 인사를 나누고, 개코원숭이는 엉덩이를 보여 주며 친밀함을 표현한다고 한다. 동물들도 저마다 열정적으로 친밀함을 드러내는데, 정작 우리는 '말'이라는 훌륭한 도구를 가지고도 가족에게 인사 한마디 건네기가 왜 이리 어려운지! 쑥스러움에 말이 막힐 때면 단 한마디면 된다. "안녕히 주무셨어요?", "잘 잤니?" 이 짧은 말 한마디가 가족의 마음을 여는 비밀번호가 될 수 있다.

이십여 년 전, 본당 가족 주보에 '아침 인사 캠페인' 내용을 실은 적이 있다. 그 글을 읽은 한 청년이 부모님께 아침 인사를 드리기 시작했고, 그 습관은 결혼한 지금까지도 이어지고 있다고 한다. 그 가족이 화목한 이유는 바로 이 작은 인사가 만들어 낸 따뜻한 마음의 연결 덕분이 아닐까?

♥ 안녕히 주무셨어요? 잘 잤니?

칭찬 실천

.................에게 ....라고 칭찬했습니다.

오늘의 복음(루카 6,36-38)을 쓰겠습니다.

3월 3일 사순 제2주간 화요일

누구든지 자신을 높이는 자는 낮아지고
자신을 낮추는 이는 높아질 것이다. (마태 23,12)

묵상

죽음의 문화인 갑질은 남을 타자화하여 마음대로 통제할 수 있다는 교만에서 비롯된다. 인간의 교만은 자신을 절대화하려는 마음과 연결된다. 인간이 자신을 절대화하려는 것은 곧 하느님처럼 되고자 하는 것이다. 이러한 교만은 죄와 악을 낳고, 죄는 죽음을 초래한다. 인간에게 절대적인 존재는 오로지 하느님뿐이다. 자기를 절대화하고 신격화하려는 교만한 사람은 남을 타자화하고 대상화한다. 신앙인으로서 우리는 이러한 잘못을 범하고 있지는 않은지 성찰해야 한다.

성경에서는 인간의 원죄를 에덴동산에서 뱀의 유혹에 넘어가 하느님처럼 되고자 했던 아담과 하와의 욕망에서 비롯된 것으로 설명한다. 창세기에 등장하는 바벨탑 사건 역시 하느님처럼 되려고 했던 인간의 교만에서 기인한다. 그 결과 언어의 혼돈, 분열, 대립, 갈등 등으로 삶이 피폐해지고 죄로 가득한 상태에 빠지게 된다. 신앙인에게 갑질은 있을 수 없다. 오히려 을이 되기를 원해야 한다.

♥ 음식 솜씨가 좋아요.

칭찬 실천

_____ 에게 _____ 라고 칭찬했습니다.

30

오늘의 복음(마태 23,1-12)을 쓰겠습니다.

무엇을 원하느냐?

(마태 20.21)

묵상

이 시대에 진실한 사랑을 풍기는 사람들이 많아진다면 우리는 여러 갈등과 혼란을 굳건히 견디며 희망 속에서 살아갈 수 있을 것이다. 그러나 현실은 그렇지 못하다. 인간관계는 더욱 삭막해지고 미움과 혐오, 단절과 갈등이 첨예해지면서 진실한 사랑은 실종된 듯하다.

어떻게 하면 진실한 사랑을 풍기는 사람들이 많아질 수 있을까? 우리는 "서로 사랑하여라"(요한 13.34)라는 예수님의 말씀을 수없이 듣지만, 삶 속에서 실천하지 못할 때가 많다.

먼저 미소를 짓고 인사하는 것, 상대의 상황을 배려하는 것, 잘한 것을 서슴없이 칭찬하는 것은 모두 사랑을 구체적으로 표현하는 행동이다. 나비의 날갯짓이 폭풍을 일으킨다는 '나비효과'처럼, 칭찬 프로그램과 같은 작은 실천이 진정한 사랑을 풍기는 세상을 실현할 수 있다.

♥ 웃는 모습이 참 예쁘네요.

칭찬 실천

.... 에게 .... 라고 칭찬했습니다.

오늘의 복음(마태 20,17-24)을 쓰겠습니다.

3월 5일 사순 제2주간 목요일

너는 좋은 것들을 받았고 라자로는 나쁜 것들을 받았다. 그래서 그는 이제 여기에서 위로를 받고 너는 고초를 겪는 것이다. (루카 16,25)

묵상

자신의 익숙한 세계에 머무는 사람은 하느님 나라라는 새로운 세계로 나아갈 수 없다. 편안함과 안전함에 익숙해진 일상을 깨는 것이 회개이며, 회개를 통해 불편함과 낯섦을 느낄 때 깨어 있는 존재가 될 수 있다.

우리는 익숙한 것을 편안하다고, 낯선 것을 불편하다고 여긴다. 익숙하고 편안한 것에 안주하면 사고방식이 고정되고 고착화되어 새로운 것을 받아들이지 않게 된다. 가난하고 고통받는 이웃을 외면하고 도움이 필요한 이웃에게 무관심할 때 자신은 편안할 수 있다. 그러나 이웃에 대한 외면과 냉대는 곧 '죄'이다.

'착한 사마리아인의 비유'(루카 10,29-37)에서 죽어 가는 사람을 외면했던 사제와 레위인은 타인으로 인해 겪어야 할 불편함을 수용하지 않은 죄를 지었다. 프란치스코 교황은 "오늘날 무관심은 세계화되어 있고, 더 나아가 장벽 문화를 만들어 타인을 적극적으로 차단해 불편한 마음조차 삭제해 버리고 있다"고 지적하신다.

❤️ 책임감이 강하시네요.

칭찬 실천

.... 에게 .... 라고 칭찬했습니다.

오늘의 복음(루카 16,19-28)을 쓰겠습니다.

3월 6일 사순 제2주간 금요일

저자가 상속자다.
자, 저자를 죽여 버리자. (마태 21,38)

묵상

하느님께서는 우리에게 포도밭을 맡기셨고, 우리는 그 밭을 돌보는 일꾼이다. 여기에서의 일꾼은 단순히 시키는 일만 하는 존재가 아니라, 하느님께서 주신 잠재력을 발견하고 키워 가는 책임과 자유를 함께 지닌 존재임을 뜻한다. 오늘 복음의 포도밭 비유는 주인의 뜻을 외면하고 스스로를 주인이라 착각한 이들의 모습을 통해, 참된 주인이 누구인지 잊지 말라고 일깨워 준다.

내가 주인으로 산다는 것은 내 안에 계신 하느님을 참자아로 받아들이고 그분께 의탁하며 사는 겸손의 길이다. 남과 비교하며 흔들리는 삶은 열등감만 키울 뿐이고, 결국 자존감은 점점 낮아진다. 그러니 우리는 남의 시선에서 자유로워질 필요가 있다.

하느님께서 주신 포도밭에서 나의 몫은 무엇일까? 오늘도 나를 통해 일하실 수 있도록, 하느님께 먼저 마음을 열고 그분의 목소리에 귀 기울이는 일부터 시작하는 것이다.

♥ 참 친절하십니다.

칭찬 실천

_____에게 _____라고 칭찬했습니다.

36

오늘의 복음(마태 21,33-43)을 쓰겠습니다.

3월 7일 사순 제2주간 토요일

아버지, 제가 하늘과 아버지께
죄를 지었습니다. (루카 15,18)

묵상

되찾은 아들의 비유에서 둘째 아들은 고생 끝에 아버지 집으로
돌아오고, 아버지는 그를 조건 없이 끌어안는다.

이 사랑은 영화 <집으로> 속 할머니 모습과 닮아 있다. 이 영화는
도시에서 살다 잠시 맡겨진 일곱 살 개구쟁이 손자와, 말 못 하고
글 모르는 외할머니와의 외딴 시골집에서의 동거 이야기다.

오락기와 롤러블레이드의 세상에서 살던 손자는 까탈을 부리고
골탕 먹이며 할머니를 힘들게 하지만, 할머니는 단 한 번도 나무
라지 않고 묵묵히 품어 준다. 시간이 흐르며 손자는 할머니의 사
랑을 깨닫고 마음을 연다. 시골집에서의 마지막 날, 손자는 아프
거나 보고 싶을 때 보내라며 엽서에 그림을 그려서 주고, 눈이 어
두워 바늘귀를 못 꿰는 할머니를 위해 실을 잔뜩 꿰어 놓는다. 손
자가 떠나면서 버스 뒷창문 너머로 할머니에게 수화로 미안하다
고 인사하는 장면은 깊은 울림을 준다.

부모가 자녀를 끝없이 감싸듯 하느님도 조건 없이 우리를 품으신
다. 방황하던 우리가 회개하며 하느님 집으로 돌아올 그날을, 하
느님께서는 묵묵히 기다리고 계신다.

♥ 무척 자상하십니다.

칭찬 실천

.... 에게 .... 라고 칭찬했습니다.

38

오늘의 복음(루카 15,11ㄴ-20)을 쓰겠습니다.

3월 8일 **사순 제3주일**

그 물을 저에게 주십시오.

(요한 4.15)

묵상

우물가 사마리아 여인의 이야기는 자존감 낮은 여인이 어떻게 자존감을 회복하는지 잘 보여 준다. 남편이 다섯 명이나 있었다는 상처와, 사마리아 사람에 여자라는 이유로 차별받던 그녀는 스스로 비천하다고 여기고 사람들의 시선을 피해 살아갔다. 그래서 인적이 드문 뜨거운 정오에 물을 길러 나온 것이다.

그러나 예수님은 그녀를 편견 없이 있는 그대로 바라보시고 존중해 주셨고, 여인은 예수님께서 주신 영원한 생명의 샘물을 받아들였다.

여인은 예수님과의 만남을 통해 자신의 고귀함을 깨닫고, 마침내 마을 사람들에게 달려가서 당당히 복음을 선포하는 사람으로 변한다. 그 모습은 외적 인격에 신경 쓰고 체면을 중시하는 우리에게 용기를 준다.

부족함은 하느님께 맡기고 '있는 그대로의 나'를 소중하게 여길 때 비로소 자존감은 회복될 수 있다.

💚 당신 존재가 큰 축복입니다.

칭찬 실천

.... 에게 .... 라고 칭찬했습니다.

40

오늘의 복음(요한 4,5-13)을 쓰겠습니다.

어떠한 예언자도
자기 고향에서는 환영을 받지 못한다. (루카 4,24)

묵상

자신의 가치관, 신념, 판단에 부합하는 정보에만 관심을 두고 그 외의 정보는 무시하는 사고방식을 확증편향이라고 한다.

디지털 매체가 발달한 오늘, 검증되지 않은 정보가 SNS와 유튜브를 통해 사실처럼 퍼지며 사회를 극단으로 갈라놓고 있다. 나 또한 마음에 드는 유튜브만 선택해 보며 같은 함정에 빠지는 것은 아닌지 돌아보게 된다.

예수님도 편견에 시달리셨다. 사람들은 목수의 아들이라는 이유만으로 그분을 배척했고, 메시아를 알아보지 못했다. 시대는 달라도 편협한 사고가 집단의 무의식을 지배하고 판단하는 모습은 여전하다. 오늘날 우리 사회 역시 선동과 분열의 소용돌이 속에서 흔들리고 있다. 먼저 내가 귀를 열고, 내 생각만 옳다고 주장하지 말고, 본질이 무엇인지 살펴 수용할 수 있어야 하겠다.

"주님, 분열로 상처 입은 우리 사회가 하나 되도록, 제 마음을 열고 상대를 존중하는 사람이 되게 하소서."

♥ 정말 존경스럽습니다.

칭찬 실천

_____ 에게 _____ 라고 칭찬했습니다.

오늘의 복음(루카 4,24ㄴ-30)을 쓰겠습니다.

3월 10일 사순 제3주간 화요일

일곱 번이 아니라
일흔일곱 번까지라도 용서해야 한다. (마태 18,22)

묵상

"일흔일곱 번씩이라도 용서하라"는 말씀은 용서에 아무 조건을 붙이지 말라는 뜻이다. 오늘 복음에서 임금에게 큰 빚을 탕감받은 종이 정작 자신에게 빚진 동료를 용서하지 못하자, 주인은 크게 화를 낸다. 예수님께서는 우리가 받은 자비만큼 이웃에게 자비를 베풀어 용서하라고 하신다. 그러나 용서한다는 것은 쉬운 일이 아니다.

어느 사업가는 어린 시절, 아버지가 저녁 식사 자리에서 늘 "오늘은 어떤 실패를 했니?"라는 질문을 하셨기에 점점 실패를 두려워하지 않게 됐다고 한다. 적절한 좌절의 경험은 어려움이 닥쳤을 때 자기 회복력을 높여 준다.

나도 실패하고 실수한다는 것을 인정하면 타인의 실수에 조금은 너그러워지고 용서가 좀 수월해질 것이다. 용서는 상대를 위한 것이 아니라, 나를 자유롭게 하는 은총이다. 예수님께서 나의 빚을 탕감해 주셨듯이, 나도 이웃에게 자비를 베푸는 사람이 되면 좋겠다.

♥ 당신의 위로가 큰 힘이 되요.

칭찬 실천

_____ 에게 _____ 라고 칭찬했습니다.

44

오늘의 복음(마태 18,21-33)을 쓰겠습니다.

3월 11일 사순 제3주간 수요일

율법을 완성하러 왔다.

(마태 5,17)

묵상

'견월망지見月忘指'라는 말이 있다. 달을 보라고 손가락으로 가리키니 달은 보지 않고 손가락만 본다는 뜻이다. 본질보다는 형식에 치중하는 현상을 말한다.

오늘 예수님은 사람들에게 단호하게 말씀하신다. "나는 율법을 폐지하러 온 것이 아니라 완성하러 왔다." 율법은 하느님께 가는 길인데도 바리사이들과 율법학자들은 율법을 목적으로 삼아 주객이 전도된 잘못된 신앙생활, 달을 보지 않고 손가락만 보는 어리석음을 보였던 것이다.

우리도 신앙생활을 하면서 하느님이 아닌 것에 관한 혹은 세상일에만 관심을 가지고, 자신의 신심을 내세우고 있지는 않은지 반성하며 하느님 사랑을 제대로 실천해야겠다.

💚 마음 씀씀이가 넉넉하십니다.

칭찬 실천

_____ 에게 _____ 라고 칭찬했습니다.

46

오늘의 복음(마태 5,17-19)을 쓰겠습니다.

3월 12일 사순 제3주간 목요일

내 편에 서지 않는 자는
나를 반대하는 자다. (루카 11,23)

묵상

우리는 평생 말을 하지만, 정작 표현은 잘하지 못한다. "말 안 해도 내 마음을 알겠지."며 넘어간다. 하지만 말을 하지 않으면 아무도 내 마음을 알 수 없다. 그래서 표현이 꼭 필요한 것이다. 표현의 진수는 칭찬이다. 우리는 칭찬의 힘을 알면서도 막상 누군가를 칭찬하려 하면 아첨하는 것 같아서 낯간지럽고, 말문이 막힐 때가 많다. 마음을 긍정적인 말로 표현해 본 경험이 부족하고 배운 적도 없기 때문이다. 칭찬은 거창한 말이 아니라, 상대에게 관심을 갖고 마음을 반영해 주는 따뜻한 시선에서 나온다. 잘한 행동을 말로 표현하고 인정해 줄 때 칭찬은 아첨이 아니라 사랑이 된다.

예수님께서는 작은 동전 두 닢을 봉헌한 과부의 진심을 보고 누구보다 크게 칭찬하셨다. 세상 기준이 아니라 사랑의 마음으로 보셨기 때문이다. 우리도 주님처럼 바라본다면 칭찬은 자연스러운 사랑의 표현이 될 것이다.

"주님, 제 입술을 축복하시어 상처 주는 말보다 칭찬 한마디를 할 수 있게 용기를 주소서."

💚 표현력이 좋으십니다.

칭찬 실천

.... 에게 .... 라고 칭찬했습니다.

48

오늘의 복음(루카 11,14-23)을 쓰겠습니다.

3월 13일 사순 제3주간 금요일

마음을 다하고 목숨을 다하고 정신을 다하고 힘을 다하여
주 너의 하느님을 사랑해야 한다. (마르 12,30)

묵상

사람들이 만나 대화를 주고받는 모습은 다양하다. 어떤 이는 상대방의 말을 경청하고 잘 이해하여 대화를 풍성하게 이끌어 가는 반면, 어떤 이는 자신이 듣고 싶은 것만 선택적으로 듣고 나머지는 흘려버린다. 또 다른 사람은 아예 상대방의 말을 건성으로 듣고 무성의한 태도를 보이기도 한다. 이는 말하는 사람과 같은 공간에 있어도 마음과 정신은 다른 곳에 가 있기 때문이다. 이런 모습을 흔히 우스갯소리로 '유체이탈'이라 부른다.

신약에서 바오로 사도 역시 "믿음은 들음에서 온다"(로마 10,17)고 말하며, 믿음은 하느님의 말씀을 듣는 데서 시작된다고 확언한다. 기도 또한 하느님께 무언가를 요청하기에 앞서 그분의 말씀을 듣는 시간이다. 하느님께 주도권을 내어 드리고, 그분의 말씀에 응답하는 데서 신앙이 시작된다. 경청이 되기 위해서는 적극적으로 듣고 공감하는 태도가 필요하다. 이러한 경청은 신뢰와 존중을 구축하고 관계를 깊이 있게 만들어 준다. 아무리 시공간을 초월하는 디지털 미디어를 통한 소통이 난무해도 경청의 묘미를 능가할 수 없다.

♥ 내 이야기를 잘 들어 줘서 고맙습니다.

칭찬 실천

_____ 에게 _____ 라고 칭찬했습니다.

오늘의 복음(마르 12,28ㄱㄷ-34)을 쓰겠습니다.

3월 14일 사순 제3주간 토요일

그 바리사이가 아니라
이 세리가 의롭게 되어 집으로 돌아갔다. (루카 18,14)

묵상

『가문비나무의 노래』(2013)의 저자 마틴 슐레스케는 신앙인들 중에 재능의 노예가 된 사람과 참된 봉사자가 있음을 지적한다. 재능의 노예가 된 사람은 자신의 재능을 드러내고 인정받아 성공과 찬사를 얻고자 한다. 이러한 사람은 열심히 신앙생활을 하는 것처럼 보이지만, 하느님께 영광을 드리기보다 자신이 영광 받는 주체가 되길 원한다. 반면 참된 봉사자는 자신이 받은 재능을 하느님이 주신 소명으로 여기며 자신이 받은 사랑에 사명의 실천으로 응답한다. 사목자로서 나 역시 재능의 노예가 되어 있지 않은지 돌아보게 된다. 본당 사목을 하다 보면 사목자가 모든 것을 계획하고 결정하며, 때로는 자신의 능력으로 본당 사목이 잘 이루어진다고 착각할 때가 있다. 심지어 신자들에게 칭찬받고 감사 인사를 듣는 것이 당연하다고 여길 때도 있다. 하지만 이 모든 것이 교만으로 이어지는 마귀의 유혹이었음을 깨닫는다. 이웃에게 필요한 신앙인이 되려면 남에게 인정받고 칭찬받으려는 욕망을 내려놓아야 한다.

💚 겸손한 모습이 참 인상적입니다.

칭찬 실천

.... 에게 .... 라고 칭찬했습니다.

오늘의 복음(루카 18,9-14)을 쓰겠습니다.

3월 15일 **사순 제4주일**

실로암 못으로 가서 씻어라.

(요한 9.7)

묵상

최근 '디지털 디톡스(Digital Detox)'가 디지털 중독 치유의 대안으로 주목받고 있다. 소셜 미디어에 중독되어 있다고 느끼거나 이를 예방하려는 신앙인들에게 몇 가지 '고독 체험'을 제안한다. 첫째, 서방교회 수도회의 아버지라 불리는 베네딕토 성인이 은수 생활을 했던 '수비아코동굴'처럼 마음속에 고독과 침묵의 장소를 만들어, 그곳에서 하느님을 만나고 그분의 말씀을 듣는 시간을 갖는다. 둘째, 성체 앞에서 특별한 존경을 바치는 신심 행위인 '성체조배'를 실천한다. 셋째, "너희는 따로 외딴곳으로 가서 좀 쉬어라"(마르 6.31)라는 예수님의 권고에 따라 '피정'을 통해 진정한 휴식을 취하고, 삶의 에너지를 회복하며, 새롭게 세상으로 나아갈 힘을 얻는다.

고독을 잃어버린 시대에 고독을 되찾으려는 노력은 그 자체로 신앙의 행위이다. 고독의 시간은 내면을 깊이 들여다보게 하고, 타인과의 관계를 성숙하게 하며, 하느님과 일치하는 삶으로 나아가게 해 주기 때문이다.

♥ 시간을 잘 지키고 성실하십니다.

칭찬 실천

.... 에게 .... 라고 칭찬했습니다.

오늘의 복음(요한 9,1-11)을 쓰겠습니다.

가거라.
네 아들은 살아날 것이다. (요한 4,50)

묵상

아들을 살리기 위해 예수님께 달려간 왕실 관리의 이야기는 부모가 자녀의 고통 앞에서 느끼는 절박함을 깊이 드러낸다. 그는 어떤 대가를 치르더라도 예수님을 만나야 한다는 마음뿐이었다. 결국 그는 "네 아들은 살아날 것이다"라는 주님의 말씀을 전적으로 믿고 집으로 돌아갔고, 그 믿음은 현실이 되어 아들은 치유되었다.

어떤 교우의 매일 미사 책에 적힌 "버티면서 매달리자"라는 글귀가 오래 마음에 남는다. 그 교우가 어떤 삶의 무게를 지니고 있는지는 알 수 없지만, 그 말에는 주님께 대한 절박한 믿음이 담겨 있음이 느껴졌다.

돌아보면 나 또한 어려웠던 삶의 굽이마다 주님께서 개입하시고 표징을 보여 주셨다. 내가 계획한 시간표가 아니라, 하느님께서 마련하신 때에 모든 것이 이루어졌음을 깨닫는다.

이제는 주님께 더 단단히 매달려, 그분의 말씀 한마디 한마디에 희망을 품고 살아가고 싶다.

💚 아이디어가 참신하네요.

칭찬 실천

_____ 에게 _____ 라고 칭찬했습니다.

오늘의 복음(요한 4,43-53)을 쓰겠습니다.

3월 17일 **사순 제4주간 화요일**

그 사람은 곧 건강하게 되었다.

(요한 5,9)

묵상

인간은 누구나 외롭고 고독한 존재이다. 탯줄을 끊고 나오는 순간부터 엄마에게서 떨어져 세상에 홀로 서야 한다는 불안감을 안고 살아가게 된다. 그때 오로지 의지할 사람은 부모일 것이다.

그러나 부모로부터 충분한 지지와 돌봄을 받지 못하면, 충족을 위한 다른 무엇인가를 찾다가 어떤 물질, 행위 또는 특정 활동이나 관계를 통해 잠시 혹은 부분적으로 충족되는 경험을 하게 된다. 그 순간 느껴지는 안전함과 일치감, 위로 때문에 거기에 점점 빠져들게 되는 것이다. 사랑의 결핍이 중독으로 이어지기 때문이다.

일상생활이 어려워지고 자기 조절력과 회복력을 잃어 중독의 나락에 빠지면, 스스로 벗어나기가 쉽지 않다. 한 가지 중독에서 벗어나더라도 또 다른 종류의 중독으로 빠지게 된다. 그래서 중독 치유는 어렵다고들 한다. 다른 사람들의 도움과 더불어 하느님의 사랑이 필요할 것이다.

💚 최선을 다하는 모습이 감동입니다.

칭찬 실천

.... 에게 .... 라고 칭찬했습니다.

오늘의 복음(요한 5,1-13)을 쓰겠습니다.

3월 18일 **사순 제4주간 수요일**

아버지께서는 아들을 사랑하시어
당신께서 하시는 모든 것을 아들에게 보여 주신다. (요한 5,20)

묵상

우리는 언제나 칭찬만 하며 살 수는 없다. 때로는 지적이 필요하고, 불편한 진실을 말해야 할 때도 있다. 특히 가족 간에는 서로 가깝다는 이유로 쉽게 화를 내고, 서로의 마음에 깊은 앙금을 남기곤 한다. 그러나 지적할 때는 '비평'과 '비난'을 구분해야 한다. 비평은 존중과 객관성을 바탕으로 하지만, 비난에는 상대를 무시하는 태도가 깔려 있다. 말을 잘한다는 것은 말을 많이 한다는 것과 다르다. 상처 주지 않는 대화를 위해서는 꾸준한 연습과 의식적인 노력이 필요하며, 그것이 습관화되어야 한다.

먼저 감정의 화살을 겨누기보다, 상대방의 행동에 대해 '나는 이렇게 느꼈어'라고 말하는 '나 전달법'을 활용해 볼 수 있다. 상대를 비난하기보다 내 마음을 조심스럽게 건네는 대화법이다. 또, "그랬구나" 하며 공감하는 공감 대화는 얼어붙은 관계를 따뜻하게 녹여 준다. 공감은 마음을 연결하는 다리이며, 이 다리를 통해 건강한 관계가 이루어진다. 오늘 내 말 한마디가 사랑을 키우는 말이 되었으면 좋겠다.

💚 따뜻한 말 한마디가 힘이 됩니다.

칭찬 실천

_____ 에게 _____ 라고 칭찬했습니다.

오늘의 복음(요한 5,17-24)을 쓰겠습니다.

3월 19일 복되신 동정 마리아의 배필 성 요셉 대축일

요셉은 주님의 천사가 명령한 대로 하였다.

(마태 1,24)

묵상

요셉 성인은 의로움과 신앙의 상징으로 여겨진다.(마태 1,19) 그래서 가톨릭 교회는 3월을 성 요셉성월로 정해 성인의 덕과 신심을 본받게 한다.

요셉 성인은 마리아의 임신 소식을 듣고, 그녀를 보호하기 위한 깊은 배려로 조용히 파혼을 결심했지만, 꿈에서 하느님의 말씀을 듣고, 자신의 계획보다 하느님의 뜻을 따라 마리아와 함께하기로 결심한다.

그는 동방박사들이 아기 예수님을 경배하고 돌아간 다음에 이집트에 피신했을 때도 주님의 천사가 전하는 말에 순명한다. 그의 의로움은 도덕적 행동이 아닌, 믿음을 바탕으로 한 실천으로 이어진다.

또한 요셉 성인은 근면한 사람이었다. 목수로서 가족을 지키기 위해 묵묵히 인내하며 주목받지 않는 삶을 살아간다. 그의 의로움은 단순히 규범을 따르는 것이 아니라, 하느님에 대한 순명과 가족에 대한 책임감에서 비롯된다.

♥ 함께해서 든든합니다.

칭찬 실천

.... 에게 .... 라고 칭찬했습니다.

오늘의 복음(마태 1,16.18-21.24ㄱ)을 쓰겠습니다.

3월 20일 사순 제4주간 금요일

그들은 예수님을 잡으려고 하였다.
그러나 그분의 때가 아직 오지 않았다. (요한 7,30)

묵상

세상에서 소유한 모든 것 중 가장 귀한 것은 '오늘'이니
너의 구원자 오늘은 어제와 내일이라는 두 도적 사이에서
자주 십자가에 달리 운다.
기쁨은 오직 오늘의 것. 내일이 아닌 다만 '오늘'
너는 행복할 수 있으리니,
우리네 슬픔의 대부분은 어제의 잔재이거나
내일에서 빌어 온 것일 뿐 너의 오늘을 고스란히 간직하라.
너의 음식, 너의 일, 너의 여가를 향유하라.
오늘은 너의 것이니 하느님께서 오늘을 너에게 주셨다.
모든 어제는 거두어 가셨고 모든 내일은 아직 그분의 손안에 있
도다.
오늘은 너의 것이니 거기서 기쁨을 취하여 행복을 누리고
거기서 고통을 취하여 사람이 되어라.
오늘은 너의 것이니 하루가 끝날 때
"나, 오늘을 살았고, 오늘을 사랑했노라"라고 말할 수 있게 하라.
(작자 미상)

♥ 어려움을 이겨낸 당신을 응원합니다.

칭찬 실천

.... 에게 .... 라고 칭찬했습니다.

오늘의 복음(요한 7,1-2,10,25-30)을 쓰겠습니다.

3월 21일 사순 제4주간 토요일

메시아가
갈릴래아에서 나올 리가 없지 않은가? (요한 7.41)

묵상

심리학자 에릭 에릭슨은 인간이 성장하는 발달 과정을 8단계로 설명한다. 영아기, 유아기, 학령전기, 학령기, 청소년기, 성인 초기, 성인 중기, 노년기이다. 각각의 단계에는 해결해야 할 과제가 있는데 이를 해결하지 못하면 다음 단계로 넘어가지 못해 어려움을 겪을 수 있다고 한다.

특히 첫 번째 단계인 영아기의 주요 과제는 신뢰 대 불신으로, 이는 인간관계의 기초가 된다. 이 시기에 충분한 사랑을 받지 못하면 어른이 되어서도 사람을 쉽게 신뢰하지 못하고 마음속에 편견이 자리 잡을 수 있다.

유대인들은 "갈릴래아에서 메시아가 나올 리가 없다"며 예수님을 믿지 못했다. 예수님이 구원자라는 본질보다는 베들레헴이 아닌 갈릴래아 출신이라는 배경을 먼저 보았다.

그 당시 갈릴래아는 유대인들에게 홀대받고 핍박받던 곳이었다. 하느님께서는 바로 그 비천한 곳, 사람들의 편견 속으로 예수님을 보내셨다.

💚 진심이 느껴져 마음이 훈훈합니다.

칭찬 실천

.... 에게 .... 라고 칭찬했습니다.

오늘의 복음(요한 7,40-51)을 쓰겠습니다.

나는 부활이요 생명이다.

(요한 11,25)

묵상

칭찬은 고래도 춤추게 한다는 말이 있다.

빅토르 위고는 불행한 어린 시절을 보냈지만, 열세 살 때 선생님에게서 들은 "탁월한 소년"이라는 한마디 칭찬이 그의 삶을 바꾸어 놓았다. 그 격려가 그의 마음속 불씨를 살려 줘서 서사시, 희곡, 그리고 소설 등을 썼고 그때마다 칭찬을 받았다. 이에 힘입어 노력한 결과 『레 미제라블』과 같은 위대한 작품이 세상에 나오게 되었다.

칭찬은 그저 좋은 말을 건네는 것이 아니라, 한 사람의 가능성을 깨워 주는 사랑의 힘이다. 누군가에게 건네는 따뜻한 한마디는 지친 마음을 일으켜 세우고, 스스로에 대한 희망을 다시 발견하게 한다.

오늘 내가 한 작은 칭찬 한마디가 누군가에게 관심의 표현이 되고, 그 관심이 삶에 빛이 되어 큰 힘이 될 수 있음을 기억하자.

❤ 글씨를 참 잘 씁니다.

칭찬 실천

_____ 에게 _____ 라고 칭찬했습니다.

오늘의 복음(요한 11,1-11)을 쓰겠습니다.

3월 23일 사순 제5주간 월요일

너희 가운데 죄 없는 자가
먼저 저 여자에게 돌을 던져라. (요한 8,7)

묵상

예수님께서는 돌팔매질 앞에 서 있는 여인을 단죄하지 않으시고, 조용히 땅에 글씨를 썼다가 지우시며 그녀의 상처를 흔적도 없이 지워 주셨다. 죄짓고 돌팔매질 당하는 여인의 인격적인 품위까지 사랑으로 회복시켜 주신 것이다.

우리 마음도 이와 같다. 의식은 빙산의 일각이고, 그 아래에는 불안·분노·수치심, 사랑받고 인정받고 싶은 욕구들과 같은 돌덩이들이 무의식 깊이 자리 잡고 있다. 우리는 하루에도 수많은 정보를 얻지만, 대부분은 무의식이라는 어두운 창고에 차곡차곡 쌓여 있다가, 스트레스를 받는 상황에 이르면 상처가 되어 튀어나온다. 그러나 그 내면의 가장 깊은 자리에는 초자아, 곧 하느님의 은총이 자리 잡고 있다. 그런 돌덩이를 하나씩 마주하고 깨뜨릴 때, 우리는 마침내 진짜 내 모습, 하느님께 다가갈 길을 발견한다. 내 안의 돌을 본 사람은 더 이상 남에게 돌을 던질 수 없다. 사순 시기, 다른 사람을 판단하고 단죄하지 않도록 노력해야겠다.

♥ 배려가 남다르십니다.

칭찬 실천

................................에게 ....라고 칭찬했습니다.

오늘의 복음(요한 8,1-11)을 쓰겠습니다.

3월 24일 사순 제5주간 화요일

"당신이 누구요?" 하고 물었다.

(요한 8,25)

묵상

예수님께서 "너희는 나를 누구라고 하느냐?" 하고 물으신 것은 우리 각자에게 던지시는 존재에 대한 근본 질문이다. "나는 누구일까?"는 평생의 화두이다. 우리는 페르소나(가면)가 참다운 자신의 모습이라고 생각하고 사는 경우가 많다.

나를 깊이 들여다보고 직면하는 것은 망망대해에 홀로 떠 있는 돛단배처럼 막막하고 외로운 여정이다. 그러나 그 여정 끝에서 만나는 진실은 '나는 하느님의 모상으로 창조된 존재'라는 사실이다. 이 정체성을 깨달을 때 비로소 우리는 방황을 멈추고 하느님께 다가갈 수 있다.

사람들은 메시아를 기다렸다. 군중은 특별한 모습의 메시아만을 기대하며 눈앞의 예수님을 알아보지 못했다. 나와 똑같은 사람이 메시아라니, 받아들이기 힘들었을 것이다. 그들에게는 신비스러운 우상이 필요했다. 지금 우리도 내가 누구인지에 대한 질문은 뒤로 한 채, 세상을 구해 줄 영웅만을 찾고 있는 건 아닌지?

♥ 솔직한 태도가 맘에 듭니다.

칭찬 실천

.... 에게 .... 라고 칭찬했습니다.

72

오늘의 복음(요한 8,21-30)을 쓰겠습니다.

3월 25일 주님 탄생 예고 대축일

보라, 이제 네가 잉태하여 아들을 낳을 것이다.

(루카 1,31)

묵상

주님 탄생 예고 축일은 수난의 사순 시기 한가운데에서 우리에게 성탄의 희망을 일깨워 준다.

오늘 복음에서 성모님은 천사의 인사말에 몹시 놀라셨고, 그 뜻을 곰곰이 생각하셨다고 한다. 잉태라는 큰 사건은 쉽게 받아들일 수 없는 황당한 일이었기에, 심사숙고한 끝에 "저는 주님의 종입니다. 말씀하신 대로 저에게 이루어지기를 바랍니다."(루카 1,38)라고 하느님께 순명하기로 결심하셨다. 그 순명은 하느님께서 사람이 되어 오시는 신비를 열었다.

오래전 아시시의 '천사들의 성모 마리아 대성당'에서 미사를 드렸던 순간, 마음 깊은 곳에서 울림이 있었다. "다 이루어졌다." 그 의미를 다 알 수는 없었지만, 주님께서 내 작은 소망까지도 살피고 응답해 주신다는 확신에 벅찬 기쁨으로 성당 꼭대기의 성모님과 천사들을 바라봤던 기억이 떠올랐다.

♥ 인내심이 대단합니다.

칭찬 실천

.................에게 ....라고 칭찬했습니다.

오늘의 복음(루카 1,26-35)을 쓰겠습니다.

내 말을 지키는 이는
영원히 죽음을 보지 않을 것이다. (요한 8,51)

묵상

예수님께서는 자신의 신원, 곧 하느님의 아드님이심을 드러내기
위해 설명하시지만, 사람들은 그 말씀을 듣지 못하고 보고 싶은
것만 보는 현실적인 판단을 한다. "아브라함보다 먼저 계셨다",
"나를 믿는 이는 영원히 죽지 않는다"는 예수님의 말씀은 아버지
하느님의 말씀을 전하는 선언이지만, 군중은 이를 문자 그대로
이해하며 비웃고 분노한다. 영적인 귀가 닫혀 있을 때는 진리를 알
아채지 못한다. 그러나 예수님은 흔들리지 않으신다. "아브라함이
나의 날을 보리라고 즐거워하였다"라는 말씀처럼, 예수님은 시간
과 세대를 넘어 모든 생명의 근원이심을 밝힌다. "나는 그분을 안
다"라는 말씀은 하느님과의 일치를 드러내는 절대적 진리이다.
오늘 우리도 종종 영적인 말씀을 세속적 기준으로만 판단하며
주님의 뜻을 저버리곤 한다.
"주님, 제 마음을 열어 주시어, 당신의 뜻을 헤아릴 수 있게 하소서."

💗 당신이 곁에 있어서 행복합니다.

칭찬 실천

.................에게 ....라고 칭찬했습니다.

오늘의 복음(요한 8,51-57)을 쓰겠습니다.

3월 27일 사순 제5주간 금요일

아버지께서 내 안에 계시고 내가 아버지 안에 있다는 것을
너희가 깨달아 알게 될 것이다. (요한 10,38)

묵상

예수님이 스스로 신이라 말하는 것은 분명 신성모독이었다. 그런
데도 하느님께서는 왜 직접 오시지 않고 예수님을 이 땅에 보내
셨을까? 그것은 하느님께서 우리와 같은 모습, 같은 고통, 같은
삶 속에 들어오셔서 함께하심을 보여 주기 위함이었다. 예수님은
성자 하느님의 육화이시며, 인간의 형상을 하고 오신 하느님이시
다. 십자가에 못 박히신 사건은 단지 고통을 이겨내는 신비가 아
니라, 하느님께서 인간의 한계와 죽음까지도 스스로 체험하심으
로써 "하느님께서 인간 안에 오셨다"는 것을 보여 주는 것이다.
그리고 성령은 그 예수님의 신성을 드러내며 성부·성자와 함께
삼위일체의 하느님으로 우리 안에 머무르신다. 성부의 사랑, 성자
의 구원, 성령의 인도하심이 우리 삶 안에 함께할 때 우리는 비로
소 하느님과 동행의 길을 걷게 된다. 하느님께서 우리 삶 속에 함
께하실 때, 우리 일상도 거룩한 성전이 된다.

♥ 도전하는 용기가 멋져요.

칭찬 실천

.... 에게 .... 라고 칭찬했습니다.

오늘의 복음(요한 10,31-41)을 쓰겠습니다.

3월 28일 **사순 제5주간 토요일**

예수님께서 흩어져 있는 하느님의 자녀들을
하나로 모으시려고 돌아가시리라는 것이다. (요한 11,52)

묵상

처음에는 "호산나!"를 외치며 예수님을 환영하던 사람들이 곧바로 군중 심리에 휘말려 예수님을 죽음으로 몰아넣는다. 자신들의 기대와 판단이 어긋나자 분노로 돌변해 십자가의 고통을 바라보며 분풀이하는 그 모습은, 오늘날 여론 전쟁을 주도하는 군중과 다르지 않다. 디지털 미디어의 발달로 우리는 누구나 정보를 만들고 퍼뜨릴 수 있다. 가짜 정보로 불신을 조장하여 편을 가르고 사회를 분열시킨다.

그러나 예수님은 그런 군중을 판단하지 않으시고 원망도 하지 않으셨다. 자신을 따르던 이들이 등을 돌려도, 얼마든지 군중을 다시 자신의 편으로 만들 수 있어도, 주님은 그렇게 하지 않으셨다. 대신 하느님께 순종하며 묵묵히 십자가를 지셨다. 모든 것을 받아들이고 용서하신 그분의 모습을 보며, 나는 지금 어떤 군중 속에 서 있는지, 주님처럼 묵묵히 침묵을 선택할 용기가 있는지 묻는다.

♥ 당신을 알게 돼서 기뻐요.

칭찬 실천

............................에게 ....라고 칭찬했습니다.

오늘의 복음(요한 11,45-54)을 쓰겠습니다.

3월 29일 주님 수난 성지 주일

"십자가에 못 박으시오!"

(마태 27,22)

묵상

"왜 그렇게 끝까지 고통스러운 길을 걸으셨나요? 왜 다른 사람을 살리겠다고 그 외롭고 비참한 자리에서 미련하게 버티고 서 계셨나요? 당신을 사랑한다던 이들이 등을 돌렸는데, 왜 또다시 제 앞에 서 계시나요?"

절망과 연민의 질문 앞에서 예수님께서 조용히 말씀하신다. "아직 내 마음을 모르는구나. 너희가 그 길을 걸을 수 없기에 내가 너희 대신에 먼저 간 거란다. 너희가 채찍을 견디지 못할까 봐 내가 대신 맞은 것이고, 너희가 짊어지기엔 너무 무거워 보이는 십자가를 내가 먼저 지고 올라간 거란다. 왜냐하면, 내가 너를 너무 사랑하기 때문이다. 영원히, 변함없이…."

이렇게 말씀하시는 주님 앞에서 우리는 깨닫는다. 그분의 고통은 패배가 아니라 사랑의 선택이며, 우리를 살리기 위한 길이었다는 것을. 그리고 그 사랑을 기억할 때, 우리에게 희망이 다가온다.

💚 약속을 참 잘 지킵니다.

칭찬 실천

.... 에게 .... 라고 칭찬했습니다.

오늘의 복음(마태 27,11-21)을 쓰겠습니다.

3월 30일 성주간 월요일

이 여자를 그냥 놔두어라. 그리하여
내 장례 날을 위하여 이 기름을 간직하게 하여라. (요한 12.7)

묵상

부활을 향한 첫 준비는 마음의 회심에서 시작된다. 일상생활을
돌아보며 무엇과 결별해야 할지 진지하게 묻는 것, 그것이 새로
움을 준비하는 마음이다. 옳지 않은 습관과 행동, 상처 주는 말과
태도, 솔직함·정의·자비·화해가 없는 모든 관계에서 한 걸음 물러
날 때 우리는 새 생명을 맞이할 자리를 마련하게 된다.

진정 모든 관계가 새롭게 부활하기를 바란다면, 갈등 앞에서 회
피하지 말아야 한다. 갈등이 없다는 것은 이미 죽은 관계이다. 갈
등을 직면하고 이해와 화해를 선택할 때 관계는 되살아난다.

빛으로 오신 주님께서는 오늘도 조용히 우리의 마음 문밖에 서
계신다. 주님은 우리가 마음을 여는 순간까지 기다리신다. 이제
해야 할 일은 하나, 깊게 숨을 내쉬고 마음의 문을 열어 그분을
받아들이는 것이다.

♥ 새로운 것에 도전하는 모습이 멋져요.

칭찬 실천

.... 에게 .... 라고 칭찬했습니다.

84

오늘의 복음(요한 12,1-11)을 쓰겠습니다.

3월 31일 성주간 화요일

너희 가운데 한 사람이 나를 팔아넘길 것이다.

(요한 13,21)

묵상

예수님의 말씀을 가장 가까이에서 듣고 따랐던 제자들 중에도 배반한 이들이 있었다. 바로 유다와 베드로이다. 주님을 위해서라면 목숨을 내놓겠다고 장담하던 두 사람 가운데 유다는 돈 때문에, 베드로는 두려움 때문에 스승을 저버리고 만다. 둘 다 깊이 후회했지만 선택은 달랐다.

베드로는 눈물로 회개하며, 예수님을 사랑한다고 세 번 고백하며 다시 제자로 돌아왔다. 그러나 유다는 자신의 죄를 주님께 온전히 맡기지 못한 채 스스로를 용서하지 못하고, 절망 속에서 생을 마감했다. 주님께서는 그의 잘못도 분명 용서하셨을 텐데, 유다는 스스로 자신을 용서할 수 없었으며, 주님의 사랑을 받아들이지 못했던 것이다.

우리도 살다 보면 어떤 날은 베드로처럼 회개하고, 어떤 날은 유다처럼 스스로를 단죄하며 무너진다. 그러나 주님께 돌아갈 길은 언제나 열려 있다. 회개의 은총을 청하며, 주님과 함께하는 성주간이 되기를 청한다.

♥ 오늘도 힘 내 줘서 고마워요.

칭찬 실천

.... 에게 .... 라고 칭찬했습니다.

오늘의 복음(요한 13,21ㄴ-31)을 쓰겠습니다.

4월 1일 성주간 수요일

"저는 아니겠지요?"

(마태 26,25)

묵상

가족이 어느 순간 내 십자가처럼 느껴졌던 때가 있었다. 그리고 나는 그런 가족을 탓하고, 스스로를 채찍질하며, 판단하는 마음으로 매일같이 유다처럼 살아왔던 적이 있었다. "주님, 저는 당신을 배반하면서도 그 사실조차 알지 못한 귀머거리요 벙어리였습니다." 그럼에도 나는 "저는 아니겠지요?"라며 태연히 말하곤 했다. 예전의 내 모습에서 유다를 보며, 오늘의 나는 어떤 모습으로 살고 있는지 되돌아본다.

모난 돌이 세월이 흐르면서 둥글둥글 조약돌이 되듯이, 먼저 상대방을 이해하고 내 마음을 여는 긍정적인 사고를 하며, 말로 상처 주지 않으려고 애쓴다. 비록 서툴고 쑥스러워도 가족에게 건네는 칭찬 한마디, 따뜻한 인사 한마디가 서로의 마음을 녹일 수 있을 것이다.

그리고 십자가라고 여겼던 가족에게 정작 내가 십자가였음을 깨닫고 "아직 늦지 않았겠죠?"라고 묻는다.

♥ 먼저 다가와 주셔서 고맙습니다.

칭찬 실천

.... 에게 .... 라고 칭찬했습니다.

오늘의 복음(마태 26,14-24)을 쓰겠습니다.

4월 2일 **주님 만찬 성목요일**

예수님께서는 당신의 사람들을 끝까지 사랑하셨다.

(요한 13,1)

묵상

사랑은 무엇일까? 정신분석 심리학자 에릭 프롬은 사랑은 분리 불안에서 벗어나 하나 되고자 하는 '합일'을 원하는 마음에서 비롯된다고 했다. 그는 『사랑의 기술』에서 사랑은 강렬한 감정이 아니라 약속이고 실천이라고 말한다. 그는 사랑을 잃는 이유가 참된 자아를 잃어버렸기 때문이라고 진단하며, 이웃을 사랑할 능력이 없고 겸손과 용기, 신념이 부족하다면 개인적인 사랑조차 온전히 이루어질 수 없다고 말한다.

즉, 사랑은 받는 것이 아니라 주는 것이고, 타고나는 것이 아니라 배우고 연습하는 기술이다. 감정은 저절로 일어나지만 사랑은 노력과 실천을 통해 자라난다. 그래서 성숙한 사랑을 위해서는 객관성을 기르고, 매일의 작은 실천을 이어 가야 한다. 하느님과의 합일 역시 이러한 연습 안에서 깊어질 수 있을 것이다.

가족과 공동체와 함께 우리는 사랑의 기술을 배우고 성장해 가야 한다.

♥ 옷이 참 잘 어울리네요.

칭찬 실천

.... 에게 .... 라고 칭찬했습니다.

90

오늘의 복음(요한 13,1-10)을 쓰겠습니다.

4월 3일 **주님 수난 성금요일 – (금육과 단식)**

"다 이루어졌다."

(요한 19,30)

묵상

억울함 속에서도 십자가의 길을 묵묵히 걸어가신 예수님. 그 침묵은 단순히 말이 없는 시간이 아니라, 죽음을 넘어 생명을 잉태하는 새로운 시작이다. 죽음이 모든 것을 멈추게 하듯, 침묵은 우리를 멈추게 하고, 멈춤 속에서 비로소 내면 깊숙이 숨어 있던 진짜 내 자아, 하느님을 바라볼 수 있게 된다.

'죽지 않으면 부활할 수 없다'는 이 단순한 진리를 따르는 것이 우리들의 십자가일 것이다.

주변의 불필요한 것들을 끊어 버리고, 고집과 두려움, 상처와 욕심을 내려놓고 악습을 버려야 한다. 또한 불평하지 않고, 이기심을 버리고, 미움에서 벗어나도록 하느님께 은총을 청해 본다.

그래야만 그 자리에 새로운 생명의 숨결이 자라날 씨앗을 심을 수 있을 것이다.

💚 조용히 도와주는 모습을 본받고 싶어요.

칭찬 실천

........................에게 ....라고 칭찬했습니다.

92

오늘의 복음(요한 19,28-36)을 쓰겠습니다.

4월 4일 파스카 성야

그분께서는 죽은 이들 가운데에서 되살아나셨습니다.

(마태 28.7)

묵상

몽골의 황량한 사막에서 푸른 나무가 자라났다는 소식은 그야말로 기적이었다. 20여 년 전, 우리나라의 한 기업이 아무것도 자라지 않던 황폐한 고비사막에 첫 나무 한 그루를 심었을 때, 실패와 좌절은 끝없이 반복되었다. 그러나 포기하지 않은 작은 손길들이 결국 사막을 생명의 숲으로 바꾸었다. 정부와 NGO, 기업, 자원봉사자 들이 한마음으로 이어 온 노력은 'K-삼림'이라는 새로운 희망의 이름을 만들었으며, 나무를 심는 여정은 지금도 계속되고 있다. 사막화로 시작된 황사는 우리나라를 넘어 태평양까지 영향을 주지만, 숲은 그 거친 먼지를 막아 내며 생명을 보호하는 울타리가 되어 준다. 숲이 자라면 생태계가 살아나고, 사람도 다시 숨을 쉬게 된다.

한류, K-POP, K-뷰티, K-방산 등과 더불어 K-농업, K-삼림이 세계의 주목을 받는다. 국뽕이라 해도 좋다. 빈손으로 시작해 고난을 이겨내고, 이제는 다른 나라의 생명을 살리는 나라가 되었다면, 그것은 빈 무덤에서 다시 일어나 새 삶을 시작한 부활의 은총을 닮은 기적이다.

♥ 당신의 열정이 부럽습니다.

칭찬 실천

_____ 에게 _____ 라고 칭찬했습니다.

94

오늘의 복음(마태 28,1-10)을 쓰겠습니다.

4월 5일 **주님 부활 대축일**

예수님께서 죽은 이들 가운데에서
다시 살아나셔야 한다. (요한 20,9)

묵상

부활은 새 생명으로 다시 태어나는 길이며, 회개를 지나 희망으로 나아가게 하는 하느님의 초대이다. 몇 해 전, 우리 갯벌이 유네스코 세계유산으로 지정되었다는 소식이 들려왔다. 자원 빈곤국이라 불리던 우리나라가 실은 지구상에서 가장 특별한 생명의 터전이라는 사실에 자랑스러웠다.

서해안은 바닷물이 들어오면 물이 되고, 나가면 뭍이 된다. 밀물과 썰물이 춤추는 서해안 갯벌은 시베리아와 남방을 오가는 멸종 위기 철새들이 단 한 번 쉬어 가는 휴식처이며, 풍부한 먹이로 그들의 생명을 이어 주는 하느님의 식탁이다. 갯벌은 또한 탄소를 품고, 해일을 막아 내는 지구의 보호막이기도 하다.

그러나 매년 1%씩 줄어드는 갯벌은 이제 우리에게 도움을 요청하고 있다. 갯벌이 사라지면 새들은 길을 잃고 생명은 단절될 것이다. 하느님께서 주신 이 천혜의 선물을 지켜 내는 일, 그 생명을 이어 주는 책임이 바로 오늘 우리에게 맡겨진 부활의 의미일 것이다.

사순 시기 동안
매일 복음을 쓰고 칭찬 실천을 한 저희와
함께해 주신 주님께 감사드리며~
우리 모두 박수!!

오늘의 복음(요한 20,1-9)을 쓰겠습니다.

지금, 그리스도인은 어떻게 살아야 하는가!

시대의 징표를 읽고 대안을 제시하는 한가문연 시리즈!

서로와 모두를 위해
교황님 회칙
『모든 형제들』의 실천

오지섭·박재신 지음
204쪽, 12,000원

우리 성가 이야기
한국 가톨릭 성음악의 담화

이상철 지음
224쪽, 12,000원

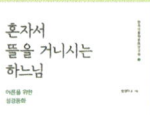

옆집의 성인
평신도의 일상 영성

박문수 지음
216쪽, 12,000원

소피의 행복한 미술 이야기
한눈에 보는 서양미술사

박혜원 지음
272쪽, 18,000원

혼자서 뜰을 거니시는 하느님
어른을 위한 성경동화

방영미 글·그림
192쪽, 12,000원

불편한 진실을 마주할 용기
함께하는 성장과 행복

박재신 지음
196쪽, 15,000원

왜 남자들은 기를 쓰고 불행하게 살까?
가톨릭 사제의 남성학

김정대 지음
224쪽, 12,000원

세상 속의 아버지 집
가톨릭 건축의 실천과 모색

임근배 지음
274쪽, 18,000원

문화를 읽으면 신앙이 보인다

김민수 지음
288쪽, 18,000원

순례길 떠나는 이들에게
성지에서 전하는 이야기

강석진 지음
324쪽, 18,000원

한국가톨릭문화연구원 010-8724-2012 구매문의 | 바오출판사 02-323-0518 / baobooks@naver.com

글쓴이

김민수 이냐시오 신부 (언론학 박사)
1985년에 사제서품을 받았고, 현재 상봉동성당 주임신부. 한국가톨릭문화
연구원 원장직을 맡고 있다. 저서로는 『디지털 시대의 문화 복음화와 문화
사목』(2008), 『아홉 성자의 선교 이야기』(2009), 『행복한 사람들』(2015), 『본
당사목, 문화를 입다』(2017), 『문화를 읽어주는 예수』(2020), 그리고 『문화를
읽으면 신앙이 보인다』(2025)가 있다.

오현희 세실리아 (교육학 석사, 상담심리학 석사)
천주교 서울대교구 혼인교리 강사로 활동했으며, 천주교 스마트쉼문화운
동본부 본부장을 역임했다. 저서로는 『사순 단상』(2022), 『사순묵상수첩』
(2023, 2024, 2025)이 있다.

표지 그림_ 오현희 세실리아
표지 그림 설명_ 생명을 살리는 사랑의 언어, 칭찬

2026년 사·순·묵·상·수·첩
칭찬, 사랑의 한마디

펴낸 날_ 2026년 2월 18일

펴낸 곳_ 한국가톨릭문화연구원
주소_ [04537] 서울특별시 중구 명동길 80 명동 가톨릭회관 505호
연락처_ 010-8724-2012 (문자 메시지)

공급처_ 도서출판 평사리
전화 02-706-1970 팩스 02-923-1971 메일 hpiri2@hanmail.net
주 소 | 경기도 고양시 덕양구 중앙로558번길 16-16, 7층
출판신고 | 제313-2004-172 (2004년 7월 1일)
ISBN 979-11-6023-360-5 (03230)
가격은 표지에 있습니다

실천표 (2026년)

♥	2·18	2·19	2·20	2·21
복음 쓰기				
묵주기도				

사순 제1주간	2·22	2·23	2·24	2·25	2·26	2·27	2·28
복음 쓰기							
칭찬 실천							
사순 걷기							

사순 제2주간	3·1	3·2	3·3	3·4	3·5	3·6	3·7
복음 쓰기							
칭찬 실천							
사순 걷기							

사순 제3주간	3·8	3·9	3·10	3·11	3·12	3·13	3·14
복음 쓰기							
칭찬 실천							
사순 걷기							